Identificar la idea principal

Frases claves para hablar de la **idea principal**:

Lo más importante de esta lectura es...

Las cosas que me dan la información más importante son...

La **idea principal** es la idea más importante de la lectura. Los **detalles** nos dicen:

| quién | qué | dónde |
| cuándo | por qué | cómo |

Garras, picos y dientes

Mira estos animales. Tienen diferentes partes en su cuerpo. Cada una de esas partes ayuda a los animales. Cada parte hace algo diferente.

Algunos animales tienen **bigotes**. Algunos animales tienen **garras**. Algunos animales tienen **pico**. Algunos animales tienen una nariz larga.

La foca vive en el océano. Tiene bigotes en la cara. Los bigotes le sirven a la foca para conseguir comida.

Los bigotes le ayudan a la foca a sentir lo que pasa a su alrededor. Un pez se mueve y hace mover el agua. Los bigotes de la foca sienten el movimiento del agua. La foca abre la boca y se come el pez.

El oso vive en el **bosque**. El oso tiene garras. Las garras están en las patas del oso. Las garras son largas y afiladas. Las garras ayudan al oso a conseguir comida.

Las garras le sirven al oso para cavar. El oso cava en busca de raíces e insectos. Las raíces y los insectos son alimento para el oso. El oso también cava un hoyo para dormir dentro.

armadillo

El armadillo vive en lugares cálidos. Tiene garras largas en las patas. Las garras ayudan al armadillo a conseguir comida.

Las garras le sirven al armadillo para cavar. El armadillo cava en busca de insectos. Se come los insectos. También cava grandes hoyos para dormir dentro.

tucán

El tucán vive en los árboles. El tucán es un ave que tiene un gran pico. El pico es parte de la boca del tucán. El pico es duro y largo, y ayuda al tucán a conseguir comida.

El pico le sirve al tucán para recoger frutas. Hay frutas en los árboles. El tucán agarra las frutas con su pico. El ave se come las frutas. También agarra insectos y se los come.

El ornitorrinco vive en la tierra y nada en los ríos. Su larga nariz y su boca forman un pico. El **pico** del ornitorrinco no es duro como el del tucán. Este pico es blando y se dobla.

gusano

El ornitorrinco utiliza su pico para encontrar comida en el fondo de los ríos. Con el pico, el ornitorrinco puede sentir que hay animales pequeños, como insectos o **gusanos**. El ornitorrinco usa el pico para encontrar un gusano. Luego, usa el pico para agarrarlo y comérselo.

pez sierra

dientes

El pez sierra vive en el océano. Es un pez grande con una nariz larga. La nariz tiene **dientes**. Los dientes están a los lados de la nariz del pez sierra. La nariz ayuda al pez sierra a conseguir comida.

El pez sierra usa la nariz para atrapar peces.
El pez sierra golpea los peces con la nariz, y luego se los come. El pez sierra cava en la arena con la nariz. Hay comida en la arena.

Every effort has been made to trace the copyright holders of the works published herein. If proper copyright acknowledgment has not been made, please contact the publisher and we will correct the information in future printings.

Photography and Art Credits

All images © by Vista Higher Learning unless otherwise noted.

Cover: (t) Azahara Perez/Shutterstock; (m) Alexandr Vorobev/Shutterstock; (b) Rafaelbenari/123RF.

4: (t) Ondrej Prosicky/Shutterstock; (m) Masha Rasputina/Getty Images; (b) Douglas Klug/Getty Images; **5:** (tl) TashaBubo/Shutterstock; (tm) Andrea Izzotti/Getty Images; (tr) Jim Lambert/Shutterstock; (ml) Ondrej Prosicky/Shutterstock; (mr) Gerard lacz/Alamy; (b) Tsuyoshi Kaminaga/EyeEm/Getty Images; **6:** (t) Westend61/Getty Images; (b) Douglas Klug/Getty Images; **7:** Andrew b Stowe/Shutterstock; Uniqdes/Shutterstock; Douglas Klug/Getty Images; (inset) Roland Hemmi /Design Pics/Getty Images; **8:** (t) Azahara Perez/Shutterstock; (b) Canon Boy/Shutterstock; **9:** (t) Diana0403/Shutterstock; (bl) Benedamiroslav/Getty Images; (br) Belizar73/Getty Images; **10:** (t) Saddako/Getty Images; (b) Joel Trick/Shutterstock; **11:** (t) Serjio74/Getty Images; (b) Foto 4440/Shutterstock; **12:** Alexandr Vorobev/Shutterstock; **13:** (t) Paul S. Wolf/Shutterstock; (b) EWStock/Shutterstock; **14:** (t) Jacqui Martin/Shutterstock; (m) Martin Pelanek/Shutterstock; (b) Slowmotiongli/Shutterstock; **15:** (t) Robin Smith/Getty Images; (b) John Carnemolla/Shutterstock; **16:** (t) Andrea Izzotti/Shutterstock; (b) Rafaelbenari/123RF; **17:** Nick Fox/Alamy; **18:** (tl) TashaBubo/Shutterstock; (tr) Jim Lambert/Shutterstock; (ml) Rafaelbenari/123RF; (mr) John Carnemolla/Shutterstock; (b) Ondrej Prosicky/Shutterstock; Martin Pelanek/Shutterstock; **Master Art:** Dimpank/Shutterstock.

© 2025, Vista Higher Learning, Inc.
500 Boylston Street, 10th Floor
Boston, MA 02116-3736
www.vistahigherlearning.com
www.loqueleo.com/us

Dirección Creativa: José A. Blanco
Vicedirector Ejecutivo y Gerente General, K–12: Vincent Grosso
Editora Ejecutiva: Julie McCool
Desarrollo Editorial: Salwa Lacayo, Lisset López, Isabel C. Mendoza
Diseño: Radoslav Mateev, Julián Montenegro, Gabriel Noreña, Andrés Vanegas, Manuela Zapata
Coordinación del proyecto: Karys Acosta, Andrea Cubides, Tiffany Kayes
Derechos: Jorgensen Fernandez, Annie Pickert Fuller, Kristine Janssens
Producción: Thomas Casallas, Oscar Díez, Sebastián Díez, Andrés Escobar, Adriana Jaramillo, Daniel Lopera, Daniela Peláez, Daniel Tobón

Garras, picos y dientes
ISBN: 978-1-66994-006-7

Todos los derechos reservados. Esta publicación no puede ser reproducida, ni en todo ni en parte, ni registrada en o transmitida por un sistema de recuperación de información, en ninguna forma ni por ningún medio, sea mecánico, fotoquímico, electrónico, magnético, electroóptico, por fotocopia o cualquier otro, sin el permiso previo, por escrito, de la editorial.

Published in the United States of America

1 2 3 4 5 6 7 8 9 GP 30 29 28 27 26 25